ココナッツ
オイルの
かんたんレシピ

いつものごはんからおやつまで

白崎裕子

WAVE出版

はじめに

10年ほど前、私はオーガニックのパームオイルを使って、卵や乳製品を含まないお菓子作りをしていました。パームオイルは、ココナッツオイルと同様に、トランス脂肪酸を含まない安全な植物油で、かくはんすると空気を含み、冷やすとかたまる性質をもっていることから、クッキーやケーキ、ホイップクリームなどに利用していたのです。

ココナッツオイルを使い始めたのは、その何年かあとで、当時は「パームオイルとよく似た性質の、バターの代わりになる安全なオイル」という程度の認識でした。最近になって、ココナッツオイルの情報が日本でも詳しく紹介され、初めて知った健康・美容効果に驚いたのです。

私は、わくわくしながら、昔のレシピノートを開きました。ユニークな性質をもっているココナッツオイルだからこそ、おいしく作れる料理があるはず、と思ったのです。実際、いろい

ろ試作しているうちに、ココナッツオイルでしか作れないレシピがたくさん生まれました。

たとえば、「24℃以下になるとかたまり、24℃以上ではサラサラの液体になる」という特徴を利用して、混ぜるだけでかたまるカレールウや、チョコレートのレシピなどなど。

これらをなんとか紹介したいと思って作ったのがこの本です。

ココナッツオイルを日々の料理に取り入れたい理由は、人それぞれだと思いますが、今は健康のため、美容のため、という方が多いと思います。それなのに、ココナッツオイルを使いながらほかの材料には無頓着、ではせっかくの料理がもったいない。安全で安心な材料を使って、かんたんな調理法で、何よりおいしいレシピを、と心がけました。

また、いつもは、動物性の材料を使わないオーガニック料理をご紹介しているのですが、本書では、どんな方でも気軽に使っていただけるよう、シーフードのレシピも掲載しています。

日々の食卓で自由に楽しんでいただき、みなさまの一助になればうれしいです。

もくじ

はじめに —— 2
特別寄稿「奇跡のオイルを楽しむ魔法のレシピ」—— 6
ココナッツオイル料理をおいしく作るコツ —— 8

ココナッツオイルで煮る・蒸す・焼く・揚げる

◎ココナッツオイル煮
じゃがいもとミニトマト —— 12
絶品トマトパスタ —— 14
きのこの温そば —— 15
ブロッコリーとたこ —— 16
春野菜のクリームソース —— 17
生トマトのえびチリ —— 18
あんかけピリ辛豆腐 —— 20
シャキシャキ野菜 —— 22

◎ココナッツオイル蒸し
やみつきキャベツ —— 23
蒸し野菜と濃厚みそだれ —— 24
おかか蒸しごはん —— 26
魚のオイル蒸し —— 27

◎かんたん調味料
かんたんコチュジャン —— 28
かんたんポン酢しょうゆ —— 29

◎ココナッツオイル焼き
トマトとじゃがいものオーブン焼き —— 30

にんじんといんげんのソテー —— 32
れんこんとくるみのソテー —— 33
ひよこ豆のソテー —— 34
ねぎみそとのりししとう —— 35

◎ココナッツオイル揚げ
野菜の天ぷら —— 36
アボカドのアーモンドフライ —— 38
もっちりれんこんフライ —— 39

ナッツバター —— 44
◎ココナッツオイルのバター
発酵バター —— 42
ナッツバター —— 44

ココナッツオイルで「魔法のストック」を作る

マスタードバター —— 44
生野菜とバター —— 46
くるみバターパンとスパイスパン —— 47

◎ココナッツオイルのカレールウ
野菜とフルーツのサンドイッチ —— 48
ココ・カレールウ —— 50

ココナッツオイルの 朝食とスープ

ズッキーニとえびの
フレッシュトマトカレー —— 52
田舎風カレーライス —— 54
夏野菜のさっぱりスープカレー —— 55
帆立てのカレーシチュー —— 56

◎ ココナッツオイルのマヨネーズ
ココ・マヨネーズ —— 58
生野菜と2種のドレッシング —— 60
ごぼうのサラダと
かぼちゃのサラダ —— 61
アボカドとえびソテーの
マヨネーズサラダ —— 62

◎ ココナッツオイルの朝食
お湯かけスープ2品 —— 66
フルーツのスムージー —— 68
ココナッツグラノーラ —— 70

◎ ココナッツオイルのスープ
かぼちゃのポタージュの素 —— 72
グリーンポタージュの素 —— 74
即席コーンポタージュ —— 75
豆腐とオクラのピリ辛スープ —— 76
白菜の白いスープ —— 78

ココナッツオイルの おやつ

◎ ココナッツオイルの生チョコ
ココナッツオイルの生チョコ —— 82
抹茶生チョコといちご生チョコ —— 84

◎ ココナッツオイルのおやつ
レーズン生チョコとアーモンド生チョコ —— 86
フローズンヨーグルト —— 88
パリパリチョコアイス —— 90

「私のおすすめココナッツ料理」 —— 92

おわりに —— 94

【はじめる前に】

＊ = 1人分のココナッツオイル量の目安です。

＊ 本書で使用している計量スプーンは、すりきりで大さじ15cc、小さじ5cc。水は1g＝1cc。

＊ 本書で使用しているオーブンは、1400Wのものです。オーブンによって焼成温度と時間は調節してください。

特別寄稿

「奇跡のオイルを楽しむ魔法のレシピ」

『ココナッツオイル健康法』訳者　三木直子

ごく最近まで、口にしたことのある人が日本にはほとんどいなかったココナッツオイル。現在、人気急上昇中です。熱帯地方に育つココヤシの実からとれるこの油には、ほかの油にはない健康効果が詰まっています。

脂質（油）を構成する脂肪酸には、大きく分けて飽和脂肪酸と不飽和脂肪酸があり、さらに脂肪酸の大きさ（長さ）によって、長鎖脂肪酸、中鎖脂肪酸、短鎖脂肪酸に分けられます。ココナッツオイル（＊）の約90％は飽和脂肪酸で、中でも中鎖脂肪酸が64％を占めています。特にラウリン酸（＊）は、自然界ではもっとも多く含んでいます。

飽和脂肪酸が主成分であること、そしてその大部分が中鎖脂肪酸であることが、ココナッツオイルの健康効果の秘密なのですが、では具体的に、どんな効果が期待できるのでしょうか。

ココナッツオイル研究の第一人者であるブルース・ファイフ博士によれば、心臓病、高血圧、脳卒中、糖尿病の予防、感染症の治療、寄生虫の駆除、免疫力の向上、エイズの予防と治療、アルツハイマー病をはじめとする神経変性疾患の予防と症状の改善、ダイエット効果などなど、枚挙に暇（いとま）がありません。その詳しいメカニズムについては、ファイフ博士の著書『ココナッツオイル健康法』（WAVE出版）をお読みいただく

06

として、これほど誰にとってもうれしい健康効果をもつココナッツオイルですから、早速生活に取り入れたい、と思われることでしょう。

私自身、約3年前から徐々にココナッツオイルを使い始め、炒めものや揚げものに使ったり、牛乳の代わりにココナッツミルクを使ったり、自分なりに工夫して、現在は、毎日必ず大さじ3杯くらいはとるようにしています。気がつけば、長らく落とせなかった体重が落ち、太りにくくなったような気もします。

ただ、冒頭でいったとおり、ココナッツオイルは最近まで日本人の食生活には存在しなかった食材です。食べたくても、その食べ方がわからない、という方が多いのではないでしょうか。そんな方のために——この本には、すぐにでもココナッツオイルを普段の食事に取り入れられるおいしいレシピが満載です。朝・昼・晩の惣菜からデザート、おやつまで。奇跡のオイルに

白崎さんの魔法が加わって、ほかには真似できない本が一冊あれば、明日からココナッツオイルをおいしく食べ、その健康効果を存分に味わっていただけるに違いありません。

* 「飽和脂肪酸」酸化しにくい性質をもつ。料理で加熱しても成分が安定している。

* 「中鎖脂肪酸」体脂肪ではなく、エネルギーを生む脂肪酸。中鎖脂肪酸を含む天然の食料はわずかしかない。中でもココナッツオイルは群を抜いて豊富に含み、それによって驚くほどの健康促進効果をもつ。

* 「ラウリン酸」抗微生物作用がもっとも高い脂肪酸。

三木直子（みき なおこ）

広告代理店、海外アーティストと日本の企業を結ぶコーディネーターを経て、2005年より翻訳が中心。東京、シアトル郊外、バリ島を行き来しながら暮らしている。趣味は猫・旅・歌。最近ヨガを始めた。訳書多数。
info@officemiki.com

ココナッツオイル料理をおいしく作るコツ

ココナッツオイルは、温度によって固体と液体に変化します。成分に変わりはなく、料理に合わせて溶かしたり、冷やしたりして使いましょう。

ココナッツオイルは、数ある油の中でもっとも酸化しにくく、トランス脂肪酸を含まないオイル。主な効果だけでも、◎ガン、糖尿病、アルツハイマー病、心臓病を防ぐ　◎抗菌・抗ウイルス・抗真菌・抗原虫効果　◎体重を落とす　◎肌や髪を若返らせる　◎免疫力を高める　◎慢性疲労の解消　など幅広く、さまざまな健康・美容効果で注目されています。

（特徴）

> 常温で2〜3年保存可能

24℃以上 = 液体
約24℃以上だと無色透明の液体になる

24℃以下 = 固体
約24℃以下だと白いクリーム状にかたまる

> 1日の摂取目安は大さじ2〜4杯

（使い方）

そのまま使う　溶かして使う
かたまっているココナッツオイルを液体で使いたいときは、湯煎して溶かして使う。ココナッツオイルを耐熱のコップに入れ、湯を沸かした小鍋で湯煎するとラク。

> 白くにごっている状態だと、すぐにかたまってしまうので、透明になるまでしっかり溶かすこと

＊参考『ココナッツオイル健康法』
（ブルース・ファイフ著　三木直子訳　WAVE出版）

選び方

無味無臭タイプが使いやすい

ココナッツオイルは、香りのあるものと、無味無臭のものがあります。無味無臭タイプを選ぶと、和洋問わず、いつもの料理油代わりに使えて便利。化学薬品不使用の良質なものを選びましょう。

> 良質のものは、どれも高い効果が期待できる

ⓐ、ⓑは、無味無臭のココナッツオイル。どちらも化学薬品不使用で、ⓐは低温圧搾法。

ⓒ、ⓓは、特有の香りや味が残るバージンオイル（＊）。どちらも化学薬品不使用で、ⓓはラウリン酸含有量が50％。

お好みのものを見つけて

ココナッツオイルの香りが好きな人は、メーカーごとに、香りや味に違いがあるので、さまざまなものを使って、お好みのものを探すのがおすすめ。

「ココナッツシュガー」
低GIで黒砂糖のようなコクがある。砂糖の代わりに使ってみて。

＊「バージンオイル」生のココナッツを低温で精製し、化学薬品不使用のもの。特有の香りや味があるものが多い。バージンと表記がないものは、乾燥させたココナッツを高温で精製、無味無臭のものが多い。

[問い合わせ先]

ⓐⓒ -- 「ココナッツオイル」「バージンココナッツオイル」
　　アトワ　http://www.rakuten.co.jp/atowa/　電話：022-716-7538
ⓑⓓⓖ 「プレミアムココナッツオイル」「エキストラバージンココナッツオイル」「ココナッツシュガー」
　　ココウェル　http://www.cocowell.co.jp/　電話：0120-01-5572
ⓔ ----- 「オーガニックバージンココナッツオイル」むそう商事　http://www.muso-intl.co.jp/
ⓕ ----- 「有機エキストラバージンココナッツオイル」ブラウンシュガーファースト
　　http://www.bs1stonline.com/　電話：0120-911-909（通販）
ⓗ ----- 「ハニーココナッツ」ディアンタマを支える会
　　http://www.geocities.jp/yasizato/　電話：042-555-9514

1

ココナッツオイルで煮る・蒸す・焼く・揚げる

ココナッツオイルの性質を利用した、おすすめの調理法です。なんといってもラクなのは「煮る」。鍋に具材とココナッツオイルを入れて、蒸し煮のようにして作るだけ。塩とオイルだけでも、濃厚な味に仕上がります。バターのようなコクがあるのに、オリーブオイルのようなあっさり感があり、オイルにとろみがあるので野菜の水分や調味料と一体化しやすく、おいしいソースも同時に（！）できるのです。どの調理法でも、色よく、水っぽくならないのがこのオイルのすごいところ。ちょっとぜいたくに揚げ油にしても、オイルが酸化しにくいので、炒め油などに使い回せます。

じゃがいもとミニトマトのココナッツオイル煮

じゃがいもだけで作ってもおいしい！蒸したようにホクホクになります。

材料 （4人分）

じゃがいも…3個　にんにく…2かけ
あさり（砂出ししたもの・なくてもよい）…100g
ココナッツオイル…大さじ4　ミニトマト…150g
海塩・こしょう…適宜

1　じゃがいもは皮をむき、小さめにカットする。にんにくは1カ所に切り込みを入れ、あさりはよく洗っておく。

2　鍋にオイル、にんにく、じゃがいもを入れ、弱火にかける(a)。オイルが溶けてシュワシュワしてきたら、フタをして約15分、じゃがいもが少し煮くずれるくらいにやわらかくなるまで、ときどきかき混ぜながら加熱する。

3　あさりを加えてフタをして5分、2つにカットしたトマトを入れてさらに5分加熱し、海塩で味を調える。皿に盛りつけ、こしょうと、あればパセリのみじん切りをふる。

◎あさりの代わりにツナ水煮缶（汁ごと使う）、トマトの代わりに刻んだにらを入れてもおいしい。

オイルが溶ける前にフタをすると焦げるので注意。

(a) ココナッツオイルはかたまっていても溶けていてもOK

大さじ1

バターのようなコクと
良質のオリーブオイルのような
あっさり感が新鮮です。

絶品トマトパスタ

シンプルなのにすごくおいしい大人気パスタ！

ココナッツオイル煮

大さじ1と½

材料（2人分）

トマト…中3個
ココナッツオイル…大さじ3
にんにく…2かけ　海塩…小さじ1弱
スパゲッティ（細め）…160g
こしょう…適宜

(a)

トマトは皮を下向きにする

1　トマトは2つにカットし、ヘタをくりぬく。鍋にオイル、トマト(a)、切りこみを入れたにんにく、海塩を入れ、中火にかける。シュワシュワしてきたらフタをして弱火で15～20分、トマトがやわらかくなるまで加熱する。

2　別の鍋に湯を沸かし（分量外）、1％の塩（分量外）を入れ、スパゲッティをパッケージの表示通りにゆでる。

3　2を皿に盛り、1を汁ごとをのせ、こしょうをひく。フォークでトマトをくずしながら、できたてをすぐ食べる。

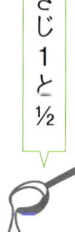

きのこの温そば

コクがあっておいしい！かんたん即席そば。

材料（2人分）

お好みのきのこ（写真はエリンギ・えのきだけ）…150g
ココナッツオイル…大さじ1と1/2
しょうゆ…大さじ1と1/2　酒…大さじ4　そば…160g
ねぎ・七味唐辛子…適量

1. きのこ類は食べやすい大きさにカットする。鍋にオイルときのこを入れ、中火にかける。シュワシュワしてきたら箸で混ぜ、きのこに透明感が出てきたら、しょうゆと酒を入れ、フタをして約5分、きのこがしんなりするまで加熱する。

2. 別の鍋に湯を沸かし（分量外）、そばをパッケージの表示通りにゆでる。

3. 2を皿に盛り、1を汁ごとのせ、ねぎと七味唐辛子をふって、できたてをすぐ食べる。

大さじ¾

ブロッコリーとたこ

ココナッツオイル煮

ブロッコリーをトロトロになるまで煮てもおいしい。

材料 （4人分）

ブロッコリー…大1個　ゆでだこ…150g　にんにく…1かけ
鷹のつめ…1本　ココナッツオイル…大さじ3
ローリエ…1枚　海塩・こしょう…適宜

1　ブロッコリーとゆでだこは食べやすくカットする。にんにくは薄切り、鷹のつめは2つに割って種を出しておく。

2　鍋にオイル、にんにく、鷹のつめ、ローリエを入れ、弱火にかける。にんにくの香りが立ったらブロッコリーを加え、フタをして7〜8分、ブロッコリーがやわらかくなるまで、ときどきかき混ぜながら加熱する。

3　ゆでだこを入れ、1〜2分加熱し、海塩・こしょうで味を調える。

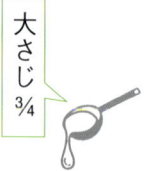

大さじ¾

春野菜のクリームソース

ココナッツオイルと豆乳が合わさって、まるで生クリーム！

材料（4人分）

じゃがいも…2個　お好みの春野菜…200g
（写真はそら豆、グリーンアスパラガス、スナップえんどう）
ココナッツオイル…大さじ3
豆乳…100cc　海塩・こしょう…適宜

1　じゃがいもは皮をむき、小さめにカットする。そら豆は皮をむいておく。アスパラガスは根元のかたいところを落とし、スナップえんどうは筋を取って、それぞれ食べやすくカットする。

2　鍋にオイルとじゃがいもを入れ、弱火にかける。シュワシュワしてきたらフタをして15〜20分、じゃがいもが少し煮くずれるくらいにやわらかくなるまで、ときどきかき混ぜながら加熱する。

3　春野菜を加えて混ぜ、フタをして1分加熱する。豆乳を入れ、混ぜながら加熱し、とろりとしてきたら、海塩・こしょうで味を調える。

◎チンゲンサイ、小松菜、いんげんでもおいしい。

大さじ¾

生トマトのえびチリ

ココナッツオイル煮

えびの代わりに、白身魚で作ってもおいしい。

材料（4人分）

Ⓐ トマト…200g
　かんたんコチュジャン（P28）…小さじ1
　梅酢・はちみつ・しょうゆ…各小さじ1

にんにく…1かけ　しょうが（薄切り）…1枚　むきえび…200g
片栗粉…大さじ2　ココナッツオイル…大さじ3　海塩…適宜

1 トマトは1cm角にカットし、にんにく、しょうがはみじん切りにする。えびは背ワタを取って、片栗粉をまぶす。

2 鍋にオイルを入れ、中火で熱し、オイルが透明になって温度が上がったら、えびを3〜4尾ずつ加え、パッと色が変わったらすぐに取り出す（完全に赤くならなくてもOK）。

3 **2**の鍋に、にんにく、しょうがを入れ、香りが立ったらⒶを加え、シュワシュワしてきたらフタをして、弱火で10分加熱する。えびを戻して温め(a)、味をみて海塩で調える。皿に盛りつけ、あれば青ねぎを散らす。

(a)

大さじ¾

どんなメニューとも合う、フルーティーで油っぽくないえびチリ。

ココナッツオイル蒸し

あんかけピリ辛豆腐

すべての材料をお皿にのせて、蒸すだけ。

材料（3人分）

Ⓐ ［にんにく…2かけ　しょうが（薄切り）…1枚　えのきだけ…1袋］

Ⓑ ココナッツオイル…大さじ1と1/2　桜えび…大さじ3
　しょうゆ…大さじ1と1/2　酒…大さじ1と1/2
　かんたんコチュジャン（P28）…小さじ1　片栗粉…大さじ1

豆腐…1丁（300g）

> ない場合は、しょうゆを大さじ2にし、一味唐辛子を少々ふる。

1　Ⓐをみじん切りにしてボウルに入れ、Ⓑを加えて混ぜ、10分以上置く（オイルはかたまっていてもOK）。

2　豆腐を食べやすくカットし、皿にのせて10分置く（出た水は捨てる）。

3　**1**のえのきだけから水分が出たら（a）、よく混ぜ、豆腐の上にのせ、蒸気の上がった蒸し器に皿ごと入れ（b）、強火で15分蒸す。あれば青ねぎをふる。ごはんにのせて食べるとおいしい。

（a）

（b）

平皿を使うと、火が通りやすく、上手に蒸し上がる

> そのまま食卓へ出せてラク。平皿の入る蒸し器があると便利です。

◎おまけ「おいしい蒸し豆腐」
絹ごし豆腐をうつわに入れ、10分蒸し、出た水分を捨て（にがり抜き）、ココナッツオイル、わさび、しょうゆで食べると、びっくりするほどおいしい。

大さじ½

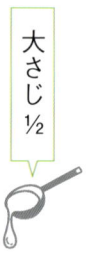

さっぱりしているのに食べごたえがある、お肉を使わない麻婆豆腐。

シャキシャキ野菜

ココナッツオイル蒸し

色鮮やかで食感も抜群！まったく水っぽくなりません。

適量

材料 （3〜4人分）

青野菜…200ｇ
（写真はスナップえんどう、グリーンアスパラガス）
ココナッツオイル…適量　海塩…ふたつまみ

1. スナップえんどうは筋を取り除き、アスパラガスは食べやすくカットする。

2. 皿にのせ、オイルをまぶし、海塩をふる（a）。蒸気の上がった蒸し器に皿ごと入れ、強火で4分蒸す。

(a)

やみつきキャベツ

驚くほどたくさんのキャベツが食べられます。

 （3〜4人分）

キャベツ…1/2個　ココナッツオイル…適量
かんたんポン酢しょうゆ（P29）…適宜

1　キャベツを大きめにカットし、皿にのせ、オイルをキャベツのすき間に入れる。

2　蒸気の上がった蒸し器に皿ごと入れ、強火で15分蒸し、熱いうちにポン酢をかけて食べる。海塩とこしょうでもおいしい。

◎あんかけピリ辛豆腐（P20）のサイドメニューにもよく合う。キャベツを蒸して、食べている間に、ピリ辛豆腐を蒸し器へ。

適量

蒸し野菜と濃厚みそだれ

ココナッツオイル蒸し

蒸したての野菜に、熱々のみそだれを合わせると、最高においしい！

材料 （4人分）

お好みの野菜…好きなだけ
（写真はかぼちゃ1/4個、たまねぎ1個半、里芋小8個）

みそだれ
　みそ…大さじ2　ココナッツオイル…大さじ1
　白ねりごま…小さじ2　メープルシロップ…小さじ1
　にんにくすりおろし…1/2かけ

1　かぼちゃは一口大、たまねぎはくし形にカットし、里芋は上下を少し切り落とす。みそだれの材料を小さなうつわに入れておく(a)。

2　1を蒸気の上がった蒸し器に入れ、野菜がやわらかくなるまで強火で10〜15分で蒸す。みそだれをよく混ぜ、熱々の野菜につけて食べる。

◎みそだれは、白ねりごまの代わりにピーナッツペーストでもおいしい。

(a)

大さじ1/4

お好みの野菜を蒸しましょう。かぶ、にんじん、青菜もよく合います。

おかか蒸しごはん

ココナッツオイル蒸し

残りごはんとあまった野菜にオイルを混ぜて、蒸すだけ！

材料 （2人分）

にんにく・しょうが…少々　にんじん…1/3本
冷ごはん（カチカチのものでもOK）…2杯　かつおぶし…1パック
しょうゆ…大さじ1　ココナッツオイル…小さじ2
酒…小さじ2　こしょう…適宜

1 にんにく、しょうが、にんじんをみじん切りにする。うつわにすべての材料を入れ、箸で混ぜ合わせる(a)。

2 蒸気の上がった蒸し器にうつわごと入れ、強火で15分蒸す。

◎かつおぶしの代わりにじゃこを使えば「じゃこ蒸しごはん」、わかめを使えば「わかめ蒸しごはん」。

(a)

小さじ1

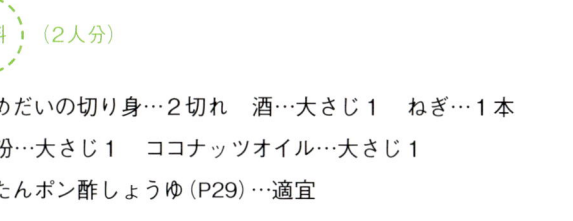

魚のオイル蒸し

あっさり魚をジューシーに。たら、鮭、帆立てなどでもおいしい。

大さじ½

材料（2人分）

きんめだいの切り身…2切れ　酒…大さじ1　ねぎ…1本
片栗粉…大さじ1　ココナッツオイル…大さじ1
かんたんポン酢しょうゆ（P29）…適宜

1 きんめだいは酒をふりかけておく。ねぎは白髪ねぎにし、芯の部分はとっておく。

2 きんめだいに片栗粉をまぶし、ねぎの芯の部分と共に皿にのせ、オイルを散らす。蒸気が上がった蒸し器に皿ごと入れ、強火で15分蒸す。

3 白髪ねぎをのせ、ポン酢しょうゆをかけて食べる。かんたんコチュジャン（P28）を添えてもおいしい。

かんたんコチュジャン

混ぜるだけ！ 野菜も魚もおいしくします。

かんたん調味料

 （作りやすい量）

甘酒（濃縮タイプ）…100g　一味唐辛子…5～10g
海塩…10g

保存ビンにすべてを入れ、混ぜ合わせる。常温で一晩置けば完成。その後は冷蔵庫へ。
にんにくやしょうがのすりおろしを加えてもおいしい。
冷蔵庫で2カ月保存可。

かんたんポン酢しょうゆ

混ぜるだけ！ すっきりした昔風のポン酢です。

（作りやすい量）

しょうゆ…大さじ5　米酢…大さじ2　レモン果汁…大さじ2
はちみつ…大さじ1　昆布…3cm角1枚

保存ビンにすべてを入れ、混ぜ合わせる。冷蔵庫で一晩置けば完成。
レモン果汁の代わりに、ゆずやすだちの果汁でもおいしい。
はちみつの代わりに、アガベシロップやメープルシロップでもOK。
冷蔵庫で2カ月保存可。

トマトとじゃがいものオーブン焼き

ココナッツオイル焼き

ジューシーなトマトにじゃがいもの組み合わせがたまりません。

材料（4人分）

じゃがいも…2個
トマト…2個
ココナッツオイル…大さじ2
海塩・ドライバジル（またはオレガノ）…適宜

1 じゃがいもは皮をむいて5mm、トマトは7mmの薄切りにする。

2 うつわにオイルを半量散らし、**1**を放射状に並べ(a)、海塩、ドライバジル、残りのオイルを散らす。180℃に温めたオーブンに入れ、じゃがいもがやわらかくなるまで約30分焼き、お好みでこしょうをふる。

(a)

ココナッツオイルはかたまっていてもOK

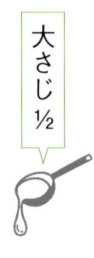

大さじ½

まっ赤なトマトで作りましょう。かわいくて、おいしいかんたんグラタン。

ココナッツオイル焼き

にんじんといんげんのソテー

色美しく軽やかな仕上がり。ワインがなければ日本酒でも。

材料（4人分）

さやいんげん…100g　にんじん…小1本
ココナッツオイル…大さじ1
白ワイン…大さじ2　海塩・こしょう…適宜

1 いんげんは食べやすく、にんじんは同じくらいの大きさにカットする。

2 フライパンにオイルを入れ、中火で溶かし、にんじん、いんげんを加えて1分炒める。白ワインと海塩を入れ、少し火を強める。色鮮やかになり白ワインが飛ぶまで1〜2分炒め、こしょうをひく。

大さじ¼

れんこんとくるみのソテー

れんこんとくるみの歯ごたえが、たまらないおいしさ。

材料（4人分）

れんこん…200g　くるみ…30g
鷹のつめ（なくてもよい）…1本
ココナッツオイル…大さじ2

Ⓐ　しょうゆ…大さじ1と1/2
　　みりん…大さじ1と1/2　酒…大さじ1と1/2

1　れんこんは皮をむいて薄切りにし、水にサッとさらしてザルに上げる。くるみは食べやすくカットし、鷹のつめは輪切りにする。

2　フライパンにオイルを入れ、中火で溶かし、鷹のつめとれんこんを加えて1分炒める。くるみとⒶを入れ、少し火を強め、水分が飛ぶまで2〜3分炒める。

大さじ½

ひよこ豆のソテー

ココナッツオイル焼き

ホクホクしたコクのある豆に、スパイスを効かせて。

（4人分）

ココナッツオイル…大さじ2　ひよこ豆（ゆでたもの）…200g
海塩・こしょう・パセリ…適宜

1 フライパンにオイルを入れ、中火で溶かし、ひよこ豆を加えてじっくり炒め、海塩をふる（あとで味がボケるので塩味は強めに）。

2 うつわに盛りつけ、こしょうをひく。あればパプリカパウダーをふり、パセリのみじん切りを散らす。レモンを搾って食べるとおいしい。

◎パプリカパウダーの代わりに、カレーパウダーをふってもおいしい。

大さじ½

ねぎみそとのりししとう

味わい深いねぎみそ。のりがパリパリの焼きししとう。

適量

〈 のりししとう 〉

 材料 （作りやすい量）

ししとうがらし…1パック
ココナッツオイル…小さじ2
海塩…適宜　焼きのり…1枚

[1] ししとうは切り込みを入れておく。フライパンにオイルを入れ、中火で溶かし、ししとうを加える。シュワシュワしてきたら皮が白っぽくなるまで約1分加熱し、海塩をふって火を止める。

[2] 皿に盛りつけ、焼きのりを手でもんであえ、お好みで七味唐辛子をふる。

〈 ねぎみそ 〉

 材料 （作りやすい量）

ココナッツオイル…大さじ2
ねぎ（厚めの小口切り）…3本
Ⓐ みそ…40g
　酒…大さじ1
　ピーナッツペースト
　　　　　　…小さじ1

[1] フライパンにオイルを入れ、中火で溶かし、ねぎを一面に並べ、こんがりと両面を焼きつける（ねぎは1つずつひっくり返し、かき混ぜない）。Ⓐをよく混ぜて加え、全体をかき混ぜて火を止める。

ココナッツオイル揚げ

野菜の天ぷら

冷めてもサクサクの天ぷら。少ないオイルで揚げられます。

材料（4人分）

お好みの野菜…250〜300g
（写真は赤たまねぎ、にんじん、さやいんげん、エリンギ）

衣　薄力粉…40g　片栗粉…10g　海塩…ひとつまみ
　　冷水…60cc

ココナッツオイル…適量

> 酸化しにくいのでくり返し使え、オイル煮や炒めものなどにして使いきる。無味無臭の精製タイプがおすすめ。

1　たまねぎは5mm、にんじんは3mmの輪切り、エリンギは縦にスライスする。衣の薄力粉と片栗粉と海塩を箸でよく混ぜ、冷水を入れてサッと合わせる。

2　鍋にオイルを5cmほど入れ、中火にかける。菜箸を入れて細かい泡が立ったら、野菜を衣にくぐらせて (a) 揚げる (b)。泡が小さくなったら揚げ終わり。温度が下がるとうまく揚がらないので、具材は少しずつ入れる。

(a)

(b)

> ココナッツオイルで揚げると、細かい泡がたくさん出る。

◎いんげんはサッと揚げてシャキシャキ感を残し、たまねぎ、にんじんは衣に透明感が出たら一度ひっくり返し、じっくり揚げると甘みが出る。
◎夏は、衣の冷水を【氷2個＋冷水で60cc】にするとサクッと揚がる。

適量

家にある野菜で作りましょう。
ごぼう、ゴーヤもおすすめ。
温度は180℃を超えないように。

アボカドの アーモンドフライ

ココナッツオイル揚げ

アーモンドはパリパリ、アボカドはとろり。

材料（4人分）

アボカド…2個

衣 薄力粉…40g　片栗粉…10g
　　海塩…ひとつまみ　冷水…60cc

スライスアーモンド…100g　ココナッツオイル…適量
海塩…適宜

1　アボカドは皮と種を取り除いて4つにカットし、衣にくぐらせ、スライスアーモンドをまぶす。

2　野菜の天ぷら（P36）の要領で、1をサッと揚げる。熱いうちに海塩をふり、お好みでレモンを搾って食べる。

> アーモンドが焦げやすいのでサッと揚げること。

適量

もっちりれんこんフライ

サクサクの衣の中に、ジューシーな煮れんこん。

材料 （4人分）

れんこん…200g　酒・しょうゆ…各大さじ2
衣［薄力粉…40g　片栗粉…10g　海塩…ひとつまみ　冷水…60cc］
パン粉…適量　ココナッツオイル…適宜
タルタルソース（P59）…好きなだけ

1　れんこんを大きめにカットし、鍋にたっぷりの水（分量外）とともに入れてやわらかくなるまでゆで、ゆで汁を捨ててひたひたにし、酒としょうゆを加えてひと煮立ちさせ、火を止めてそのまま冷ましておく(a)。

(a)

2　**1**の水気をよく切って薄力粉（分量外）を薄くまぶし、衣にくぐらせ、パン粉をつける。野菜の天ぷら（P36）の要領で、**1**をサッと揚げる。

◎熱々を辛子じょうゆで食べてもおいしい。お弁当用には、衣の塩を強めにする。冷凍したパンをプロセッサーにかけてパン粉を作ってもよい。

適量

2

ココナッツオイルで「魔法のストック」を作る

「料理をするのは面倒だけれど、毎日ココナッツオイルは食べたい！」なんてときに大活躍なのが、この「魔法のストック」。すべて植物性の材料で作っているので体に安全で、しかも、混ぜるだけ！　バターはあらゆる料理に使えますし、マヨネーズは冷たいサラダにかけてもかたまりません。カレールウは日持ちするうえ、鍋に水とカレールウを入れて煮立てたところに、油揚げとキャベツをちぎって入れるだけでも、おいしいカレーに仕上がります。自分好みの辛さにできるのもいいところです。

発酵バター

混ぜるだけ！　あらゆる料理に使える植物性バター。

ココナッツオイルのバター

材料 （作りやすい量）

ココナッツオイル（無味無臭のもの）…100g
豆乳ヨーグルト（無糖、水切りしたもの）…30g
はちみつ…5g
海塩…3つまみ

＊豆乳ヨーグルトは、コーヒーフィルターや茶こしなどに入れ、冷蔵庫で一晩水切りする(a)。
＊各バターのはちみつは、メープルシロップやアガベシロップでもOK。

自然食品店やスーパーなどで手に入る。種菌を使って自分で作っても。

1 ボウルにオイルを入れ、湯煎で溶かし(夏は溶けている)、ほかの材料をすべて入れ、よく混ぜる (b)(分離する)。

2 冷蔵庫に入れ、温度が下がって、周りがうっすらかたまってくるのを待つ (c)(冬は室温でOK)。

3 泡立て器でよく混ぜ、クリーム状にかたまってきたら (d)、お好みの保存容器に移し、冷蔵庫で冷やしかためる。冷蔵庫で約5日保存可。

(a)

(b)

(c)

(d)

◎バターの仕上がりをやわらかくしたい場合は、ココナッツオイル100gを【ココナッツオイル80g＋オリーブオイル20g】にして同様に作る。

ココナッツオイルのバター

発酵バターより保存に向く！ お手軽バター2品。

マスタードバター

材料 （作りやすい量）

ココナッツオイル…100g
フレンチマスタード…20g
はちみつ…5g　海塩…3つまみ

ナッツバター

材料 （作りやすい量）

ココナッツオイル…100g
ピーナッツペースト（無糖）…25g
はちみつ…5g　海塩…3つまみ

共通の作り方

1　ボウルにオイルを入れ、湯煎で溶かし（夏は溶けている）、ほかの材料をすべて入れ、よく混ぜる。

2　冷蔵庫に入れ、温度が下がって、周りがうっすらかたまってくるのを待つ（冬は室温でOK）。

3　泡立て器でよく混ぜて乳化※させ、お好みの保存容器に移し、冷蔵庫で冷やしかためる。どちらも冷蔵庫で1カ月保存可。

※乳化…水分と油がよく混ざった状態のこと。

【 ポイント 】

● 無味無臭のココナッツオイルで作れば、クセがなく、食べやすい仕上がりに。バージンココナッツオイルで作れば、ココナッツ風味のエスニックなバターになる。
● 室温で少しやわらかくし、カットしてから冷蔵庫で保存しておくと料理に使いやすい。

【 おいしい食べ方 】

● 熱々のじゃがいもに
→ バター×塩・こしょう
● あさりに酒をかけて、火にかけ、口が開いたら
→ バター×ねぎ
● ゆでたパスタに
→ バター×しょうゆ×焼きのり
● パンケーキに
→ バター×メープルシロップ

ココナッツオイルのバターで

生野菜とバター

みずみずしい野菜にバターと塩をつけると、すごくおいしい！

好きな量

（作り方）

ラディッシュ × 発酵バター
ラディッシュに切り込みを入れ、そこに発酵バター（P42）を詰めて、塩をつけながら食べる。ラディッシュの辛味がおさまって、おいしい！

セロリ × ナッツバター
セロリのクセとナッツバター（P44）の香ばしさがよく合います。

きゅうり × マスタードバター
マスタードバター（P44）の辛味がきゅうりの苦味を消してくれます。

◎かぶのスライスやにんじんスティックなど、いろんな野菜で楽しめる。いずれも新鮮でみずみずしい野菜を用意すること。

くるみバターパンとスパイスパン

冷たいバターと溶けたバター。どちらもおいしい。

好きな量

〈 くるみバターパン 〉

材料
- くるみ（ロースト）…好きなだけ
- 発酵バター（P42、またはナッツバター P44）…好きなだけ
- バゲット…好きなだけ

くるみは細かくカットし、バターと混ぜ合わせ、薄切りにしたバゲットにたっぷりのせる。お好みでメープルシロップ（はちみつやアガベシロップでも）をかけて食べる。

〈 スパイスパン 〉

材料
- バゲット…好きなだけ
- お好みのバター（P42〜44）…好きなだけ
- こしょう…適宜

バゲットを薄切りにし、鉄のフライパンを熱して、両面をカリカリに焼く（トーストしてもよい）。熱いうちにバターをたっぷりのせ、こしょうをひく。パプリカパウダーや好みのドライハーブをふってもおいしい。

野菜とフルーツのサンドイッチ

ココナッツオイルのバターで

罪悪感なく食べられる、バターたっぷりのサンドイッチ。

好きな量

作り方

〈 キューカンバーサンド 〉

パンにマスタードバター（P44）を塗り、薄くスライスしたきゅうりを、少しずつ重なるようにしてのせ、はさむ。バターを多めに塗るとくずれにくい。

〈 かぼちゃサンド 〉

パンに好みのバター（P42～44）を塗り、かぼちゃのサラダ（P61）をはさむ。

〈 アボカド＆トマトサンド 〉

パンに好みのバター（P42～44）を塗り、トマトとアボカドのスライスをはさむ。マヨネーズ（P58）を一緒にはさんでもおいしい。

〈 ナッツバター＆バナナサンド 〉

パンにナッツバター（P44）を塗り、バナナの輪切りをのせ、お好みでココナッツシュガーをかけてはさむ (a)。

〈 発酵バター＆オレンジジャムサンド 〉

パンに発酵バター（P42）とオレンジジャムを塗ってはさむ。ジャムはかためのものを使うこと。

(a) ココナッツシュガーは、バナナのすきまをなくすようにかける

【 ポイント 】

- 持ち歩くときは、気温が20℃以下の日にすること。
- バターは室温で少しやわらかくして使うと、塗りやすい（溶かさない）。
- できあがったサンドイッチは、乾燥しないようにラップできっちり包み、冷蔵庫で冷やしてからカットするときれいに切れる。冬は冷蔵庫に入れなくてもOK。

くずれやすい野菜サンドも、このバターを塗れば、スパッと美しく切れます。

ココ・カレールウ

作業時間10分！ 混ぜるだけで作れる植物性カレールウ。

ココナッツオイルのカレールウ

> ガーリックパウダー小さじ1をⒶに加えると、カレーを作るとき、にんにくが不要になる。

材料 （作りやすい量）10〜12皿分

Ⓐ 米粉（または薄力粉）…60ｇ
　カレーパウダー…30ｇ　＊お好みで増減するとよい
　ココナッツシュガー（またはてんさい糖）…20〜25ｇ
　海塩…20ｇ
　昆布粉末（なくてもよい）…小さじ2

ココナッツオイル…75ｇ

しょうゆ…20ｇ

1 ボウルにⒶを入れてへらで混ぜ、溶かしたオイルを加え、なめらかになるまでよく混ぜる (a)。

> ここからは、どんどんかたまってくるので、素早く作業する。

2 しょうゆを入れてよく混ぜ (b)、ひとかたまりになったら (c)、お好みの保存容器に移し、冷蔵庫で冷やしかためる (d)。製氷器やシリコン型などに小分けしてかためておくと便利。
冷蔵庫で３カ月保存可。

(a) (b) (c) (d)

◎冬場、**1**の作業中に温度が下がって、混ざりにくくなってきたら、湯煎の鍋に戻して、なめらかにする。

【 ポイント 】
- いつものスープに、ルウをポンと落として煮込めば、５分でカレーの完成！
- 米粉で作ると溶けやすく軽い仕上がりに、薄力粉で作ると濃厚な味わいに。
- １人分のカレーソースは、ルウ20〜25ｇに水150cc。
  １人分のココナッツオイルの量は、約大さじ1/2。

ズッキーニとえびのフレッシュトマトカレー

ココナッツオイルのカレールウで

ズッキーニの代わりになす、えびの代わりにゆでたひよこ豆でもおいしい。

材料（4人分）

にんにく…2かけ　たまねぎ…1個
ズッキーニ…1本　えび…200ｇ
Ⓐ　トマト…3個　水…200cc
　　ココ・カレールウ（P50）…90ｇ
ココナッツオイル…大さじ2　海塩…適宜

1　にんにくはみじん切り、たまねぎは薄切り、ズッキーニは輪切り、トマトは1cm角くらいにカットする。えびは殻をむいて背ワタを取る（むきえびでもよい）。

2　鍋にオイルを入れ、中火で溶かし、ズッキーニはこんがり(a)、えびはサッと焼いて取り出す。

3　2の鍋ににんにく、たまねぎを入れて炒め、透明感が出たらⒶを加え(b)、よく混ぜてルウを溶かし、フタをして弱火で10分加熱して火を止める。ズッキーニとえびを戻してひと煮立ちさせ、海塩で味を調える。

(a)　(b)

大さじ1

プリプリのえびに、こんがり焼いたズッキーニ、さわやかなソースのおいしい組み合わせ。

田舎風カレーライス

ココナッツオイルのカレールウで

ぽってり、とろり。しょうゆが効いたおばあちゃんの味。

大さじ1

材料（4人分）

お好みの根菜…300g（写真は里芋、ごぼう、大根、にんじん）
にんにく…1かけ　しょうが…にんにくの半量
たまねぎ…2個　エリンギ（またはしめじ・しいたけなど）…1パック
厚揚げ…1パック　ココナッツオイル…大さじ2
だし汁（または水）…600g　ココ・カレールウ（P50）…90g
しょうゆ・みりん…適宜

1 里芋は皮をむいて塩でもみ、水でサッと洗う。にんにく、しょうがはみじん切り、たまねぎ、ごぼうは薄切りに。大根、にんじん、エリンギ、厚揚げは、一口大にカットする。

2 鍋にオイルを入れ、中火で溶かし、にんにく、しょうが、たまねぎを加え、透明感が出るまでよく炒め、根菜、エリンギも入れて炒める。だし汁を入れて沸騰したらアクを取り、フタをして弱火で10～15分、根菜がやわらかくなるまで煮て火を止める。

3 **2**にルウを入れてよく溶かし、中火にかけ、とろみがつくまで約5分加熱し、厚揚げを入れ、沸騰したら、しょうゆとみりんで味を調える。

夏野菜のさっぱりスープカレー

これを食べれば夏バテ知らず。サラサラのスパイシーカレー。

大さじ1

材料 （2人分）

にんにく…1かけ　しょうが…にんにくと同量　たまねぎ…1個
Ⓐ[トマト…大1個　水…350cc　ココ・カレールウ（P50）…50g]
お好みの夏野菜…250g
（写真はなす、かぼちゃ、カラーピーマン、さやいんげん）
ココナッツオイル…大さじ1
あさり（なくてもよい）…100g　海塩・一味唐辛子…適宜

1 にんにく、しょうがはみじん切り、たまねぎは薄切り、トマトは1cm角に切る。なすは乱切りにして塩水につけ、アクを抜き、ほかの夏野菜も食べやすくカットする。

2 鍋にオイルを入れ、中火にかけ、にんにく、しょうが、たまねぎを加えて炒める。透明感が出てきたらⒶを入れ、よく混ぜてルウを溶かし、フタをして弱火で10分加熱して火を止める。

3 あさりを入れて中火にかけ、口が開いたら、海塩と一味唐辛子で味を調える。**1**の夏野菜をサッと素揚げして加える（P36参照・ソテーして加えてもよい）。

帆立てのカレーシチュー

ココナッツオイルのカレールウで

パンでもごはんでも。お好みで豆乳をもっとたっぷり入れてもOK。

材料 （4人分）

> にんにくを1かけに減らしたいときは、2の工程で、ローリエ1/2枚を加える。

にんにく…2かけ　しょうが…にんにくの1/2量

じゃがいも・にんじん…合わせて300g　たまねぎ…2個

ココナッツオイル…大さじ2　帆立て貝柱（刺し身用）…12個

白ワイン（または日本酒）…大さじ1　水…400cc

ココ・カレールウ（P50）…90g　豆乳…150cc　海塩…適宜

1　にんにく、しょうがはみじん切り、じゃがいも、にんじんは小さめの乱切り、たまねぎは薄切りにする。鍋にオイル大さじ1を入れ、中火で熱し、帆立てをサッとソテーして取り出し(a)、白ワインをかけておく。

2　1の鍋に、オイル大さじ1を足し、にんにく、しょうが、たまねぎ、にんじん、じゃがいもの順に加えて、中火で炒め(b)、水を入れる。沸騰したらアクを取り、フタをして弱火で10分加熱し、火を止める。

3　2にルウを加えてよく溶かし、中火にかけ、とろみがつくまで約5分加熱する。帆立てを戻し入れ、豆乳も加え、沸騰したら海塩で味を調える。

(a)　(b)

大さじ1

小学校の給食を思い出す
コッペパンが合いそうな
やさしい味のカレー。

ココ・マヨネーズ

カロリー控えめ。
ココナッツオイル100％の植物性マヨネーズ。

ココナッツオイルのマヨネーズ

材料 （作りやすい量）

絹ごし豆腐…1/2丁（150g）　ココナッツオイル（無味無臭のもの）…60ｇ
海塩…ふたつまみ

Ⓐ はちみつ（またはアガベシロップ）…小さじ2
　マスタード…大さじ1　米酢…大さじ1　梅酢…大さじ1

【 ポイント 】

- フードプロセッサーが大きいものの場合は、2倍量だと作りやすい。
- しっかり乳化させると、冷蔵庫で冷やしても、つぶつぶになりません。
- 完成したマヨネーズは、しょうゆやたまねぎのすりおろしなど、液体を入れても分離せず、いろいろなドレッシングも作れます。

1 豆腐をカットし、小鍋に入れ、かぶるぐらいの水(分量外)を加えて中火にかける。沸騰したら5分間ゆで、くずしてザルに上げて冷まし(a)、しっかり水切りする(120gになる)。

> 絹ごし豆腐は、くずしてザルに上げるとよく水切できる。

2 フードプロセッサーに、豆腐、海塩を入れて、ツヤが出るまで約2分間かくはんし、フードプロセッサーを回したまま、溶かしたオイルを少しずつ加えて(b)、乳化させる。Ⓐも入れてかくはんし、保存容器に移し(c)、冷蔵庫で冷やしかためる。

(a)　　　　　(b)　　　　　(c)

◎ハンドブレンダーでもできる。冷蔵庫で約5日保存可。

【 アレンジ 】

「タルタルソース」(2人分、P39)
ココ・マヨネーズ…大さじ3
ピクルスのみじん切り
(きゅうり・たまねぎ・大根などお好みで)
　　　　　…大さじ1と1/2
しょうゆ…2～3滴
こしょう…適宜

「マヨポン」
ココ・マヨネーズ…大さじ3
かんたんポン酢しょうゆ(P29)…大さじ1

「コチュマヨ」
ココ・マヨネーズ…大さじ3
かんたんコチュジャン(P28)…小さじ1/2

ココナッツオイルのマヨネーズで

生野菜と2種のドレッシング

冷やしても、かたまりません！すべて混ぜ合わせるだけ。

(作り方)

〈 オニオンドレッシング 〉（2人分）

ココ・マヨネーズ（P58）…大さじ3
たまねぎのすりおろし…大さじ2
しょうゆ…大さじ1
酢…小さじ1　こしょう…適宜

〈 サウザンアイランドドレッシング 〉（2人分）

ココ・マヨネーズ（P58）…大さじ3
トマトピューレ…大さじ1
たまねぎのみじん切り（辛味抜きしてよく搾る）…大さじ1
レモン果汁…小さじ1/2　はちみつ…小さじ1/2
海塩・こしょう…適宜

◎パセリやカラーピーマンのみじん切り、ドライハーブなどを入れてもおいしい。

適量

60

ごぼうのサラダとかぼちゃのサラダ

おいしいマヨネーズサラダ、おすすめ2品。

材料　〈 ごぼうのごまマヨサラダ 〉（4人分）

ごぼう（細め）…1本
かんたんポン酢しょうゆ（P29）…適宜　きゅうり…1本
Ⓐ［ココ・マヨネーズ（P58）…大さじ3　白すりごま…大さじ2］

ごぼうはささがきにして、酢（分量外）を少々入れたお湯でサッとゆでる。ポン酢とともに鍋に入れ、中火にかけて水分を飛ばし、冷ましておく。きゅうりは板ずりにしてから、せん切りにし、ごぼうと共にⒶであえる。

材料　〈 かぼちゃとくるみのサラダ 〉（4人分）

かぼちゃ…1/4個　くるみ（ロースト）…大さじ2
ココ・マヨネーズ（P58）…大さじ5
海塩・シナモンパウダー（またはこしょう）…適宜

かぼちゃは一口大にカットして、蒸気の上がった蒸し器に入れ、強火で10分蒸す。食べやすく刻んだくるみとマヨネーズであえ、海塩・シナモンパウダーで味を調える。塩味をしっかり決めるとおいしい。

適量

ココナッツオイルのマヨネーズで

アボカドとえびソテーのマヨネーズサラダ

アボカドの代わりに、きゅうりで作ってもおいしい。

材料（4人分）

たまねぎ…1/2個　にんにく…1/2かけ
むきえび…200g　ココナッツオイル…大さじ1
白ワイン…大さじ1　海塩・こしょう…適宜
アボカド…2個　レモン果汁…小さじ1
ココ・マヨネーズ（P58）…大さじ5

1　たまねぎはスライスして水にさらし、水気を切る。にんにくはみじん切り、えびは背ワタを取る。

2　フライパンにオイルを入れ、中火で溶かし、にんにくを加え、香りが立ったらえびを入れ、色がパッと赤くなったら (a) 白ワインをかけてソテーし、海塩・こしょうで味を調え、冷ましておく。

3　アボカドは食べやすくカットして、レモンを振りかける。**1**のたまねぎと**2**を共にマヨネーズであえ、海塩で味を調える。

> えびにしっかり味をつけること。海塩の代わりに、薄口しょうゆでもよい。

(a)

大さじ½

しっかり味をつけた
えびのガーリックソテーが
おいしさの秘密。

3 ココナッツオイルの朝食とスープ

忙しい朝でも、素早く完成するメニューです。中でもかんたんなのは「即席スープ」。ココナッツオイル、しょうゆ、おかか、こしょうだけでもおいしく、寝る前にこれらをスープカップに入れておけば、朝、寝ぼけまなこでお湯を注いでも、バッチリおいしいスープが飲めます。しょうがを入れたり、コチュジャンやお酢を入れて辛酸っぱくしたり、アレンジは無限大。
ほかにも、作り置きしておけば、さっと食べられるグラノーラや、ポタージュの素など。手の空いたときにちょっと準備しておけば、毎朝おいしく、かんたんに食べることができるものをご紹介します。

ココナッツオイルの朝食

お湯かけスープ2品

忙しい朝に5分で完成！「ウェ○パァー」を使ったみたいなコクのあるスープ。

〈 しょうゆねぎスープ 〉

材料（1人分）

ねぎ（小口切り）…大さじ2　しょうゆ…小さじ2
ココナッツオイル…小さじ1　かつおぶし（または昆布粉末）…適宜
こしょう…適宜

〈 みそわかめスープ 〉

材料（1人分）

乾燥わかめ…小さじ1　みそ…小さじ2
ココナッツオイル…小さじ1　かつおぶし（または昆布粉末）…適宜
しょうが（すりおろし）…適宜

共通の作り方

---

1 かつおぶしは、袋ごと手でもんで粉末にしておく。マグカップにすべての材料を入れ(a)、よく混ぜてから、グラグラに沸いたお湯（分量外、150〜200cc）を注ぐ。

◎ねぎの代わりに、にらでもよい。しょうゆとみそを逆にしてもおいしい。すりごまやかんたんコチュジャン（P28）などを入れても。

先に材料をスプーンで混ぜておくとおいしくなる

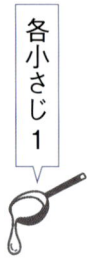

(a)

各小さじ1

お湯をそそぐだけで、風味豊かな、深い味わい。ココナッツオイルが決め手です。

フルーツのスムージー

ココナッツオイルの朝食

とろみがあるフルーツを1品入れるとオイルがよくなじみます。

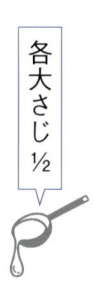

各大さじ½

〈 アボカドキウイスムージー 〉

材料（2人分）

- Ⓐ キウイフルーツ…150g　アボカド…100g
  豆乳…150g〜お好みで
  はちみつ…大さじ1と1/2〜お好みで
- ココナッツオイル…大さじ1

〈 いちごバナナスムージー 〉

材料（2人分）

- Ⓐ いちご（またはオレンジ、パイナップルなど）…150g
  バナナ…1本　豆乳…100g〜お好みで
  はちみつ…大さじ1〜お好みで
- ココナッツオイル…大さじ1

共通の作り方

1 Ⓐの材料をブレンダー（またはミキサー）でなめらかにし、最後に溶かしたオイルを加えて(a)乳化させる。

◎Ⓐの材料が冷たすぎると、オイルがかたまってつぶつぶになってしまうので注意。乳化させたあとは、氷で冷やしても大丈夫。

(a)

◎おまけ「ブルーベリーヨーグルトスムージー」
Ⓐ（ブルーベリー100g・豆乳ヨーグルト150g・水100cc・はちみつ大さじ1と1/2）、ココナッツオイル大さじ1で同様に作る。

とろみのあるフルーツと
お好みの野菜を合わせても。
朝にうれしい濃厚スムージー。

ココナッツグラノーラ

ココナッツオイルに甘みは低GIのココナッツシュガー。5分で朝ごはん。

ココナッツオイルの朝食

材料（作りやすい量）

Ⓐ ココナッツシュガー（またはてんさい糖）…40g
　海塩…ふたつまみ　水…大さじ2
ココナッツオイル…50g
Ⓑ オートミール…150g
　ココナッツフレーク（ファイン、ロングどちらでも）…75g
レーズン…50g

> ココナッツシュガーが焦げやすいので、低温で気長に焼く。

1　鍋にⒶを入れ、よく混ぜながら弱火にかけ、フツフツと沸いてきたら火を止め、オイルを加えて (a) 溶かし、Ⓑも入れてよく混ぜる。

2　オーブンシートをしいた天板に広げ、150℃に温めたオーブンに入れ、15分焼く。一度オーブンから出し、スプーンで全体をよくかき混ぜる (b)（焼き加減を均等にする）。オーブンに戻して、さらに10〜15分焼く。

3　焼き上がったら、熱いうちにレーズンを混ぜ、天板のまま冷ます。完全に冷めたら密閉容器に保存する。食べるときにお好みのフルーツや、豆乳などをかける。ヨーグルトでもおいしい。

(a)　　(b)　　(c)

好きな量

70

ココナッツづくしの最強グラノーラ。お好みのナッツやドライフルーツで作ってもおいしい。(c)

かぼちゃのポタージュの素

ココナッツオイルのスープ

かぼちゃの代わりに、さつまいもやじゃがいもで作ってもおいしい。

材料（カップ4〜5杯分）

かぼちゃ…200ｇ　たまねぎ…1/2個
ココナッツオイル…大さじ2
Ⓐ 白みそ…小さじ2
　海塩…小さじ1/2　こしょう…適宜

1　かぼちゃは皮を少し残してカットし(a)、たまねぎはせん切りにする。

2　鍋にオイルを入れ、中火にかけ、1を炒める。たまねぎが透き通ってきたら、水（分量外）をひたひたに入れ、フタをしてやわらかくなるまで煮る。Ⓐを加え、ひと煮立ちさせ、火を止める。

3　ハンドブレンダー（またはミキサー）でなめらかにし(b)、粗熱を取って、冷蔵庫で保存する。冷蔵庫で3〜4日保存可。

(a)

(b)

◎食べるときは、【水分：ポタージュの素＝1：1.5】くらいを目安に、豆乳か水、昆布だしなど、お好みのものでのばす。温めても、冷たいままでもおいしい。白みそがなければ、海塩を少し増やす。夏は、マグカップにポタージュの素を入れ、冷たい豆乳でのばすとかんたん。

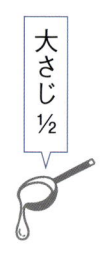

大さじ1/2

豆乳でのばすだけ！
忙しい朝でもすぐに
ポタージュが飲めます。

ココナッツオイルのスープ

グリーンポタージュの素

ブロッコリーの代わりに、小松菜やさやいんげんでも。

材料（カップ4～5杯分）

じゃがいも…150g　たまねぎ…1/2個
ブロッコリー…50g　ココナッツオイル…大さじ2
Ⓐ 白みそ…小さじ2　海塩…小さじ1/2
　こしょう…適宜

1 じゃがいもは薄切り、たまねぎはせん切り、ブロッコリーは小さくカットする。

2 鍋にオイルを入れ、中火にかけ、**1**を炒める。たまねぎが透き通ってきたら、水（分量外）をひたひたに入れ、フタをしてやわらかくなるまで煮る。Ⓐを加え、ひと煮立ちさせて火を止め、ハンドブレンダー（またはミキサー）でなめらかにする。粗熱を取って、冷蔵庫で3～4日保存可。

◎食べるときは、【水分：ポタージュの素＝1：1.5】くらいを目安に、豆乳か水でのばす。温めても冷たいままでもOK。

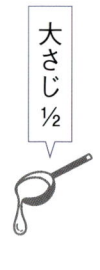

大さじ½

即席コーンポタージュ

たった5分で、おいしいポタージュが飲めます。

大さじ½

材料（2人分）

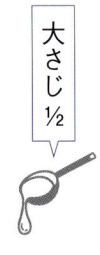

- Ⓐ クリームコーン…1缶（200g）
  - 豆乳…160cc（コーン缶の八分目量）
  - ココナッツオイル…大さじ1
- 海塩・こしょう…適宜

1 Ⓐを鍋に入れ、弱火にかけて温め、オイルが浮かなくなるまでよく混ぜ、海塩・こしょうで味を調える。

> しっかり乳化させると、生クリームが入ったような味わいになる。

豆腐とオクラのピリ辛スープ

ココナッツオイルのスープ

10分で完成！ 見た目よりあっさり味のスープ。朝食にも。

材料（4人分）

たまねぎ…1/2個　オクラ…4本
ココナッツオイル…大さじ2
Ⓐ みそ…大さじ２
　 かんたんコチュジャン（P28）…小さじ１〜お好みで
水（またはだし）…400cc　絹ごし豆腐…１丁（300g）
白すりごま…好きなだけ

1　たまねぎは薄切り、オクラは輪切りにする。

2　鍋にオイルを入れ、中火で溶かし、Ⓐを加えて炒める。たまねぎも入れて炒め（a）、水を注ぎ、沸騰したら豆腐をスプーンでザクッとすくって加え（b）、沸騰させる。

3　味をみて、海塩（分量外）で調え、オクラを入れて火を止め、すりごまを加える。残ったスープを雑炊にしてもおいしい。

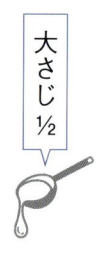

(a)　(b)

大さじ½

みそとコチュジャンをココナッツオイルで炒めると、おいしい「だし」になります。

白菜の白いスープ

ココナッツオイルのスープ

白菜の甘い水分と貝柱の戻し汁で作る、やさしい味のスープ。

材料 (2人分)

貝柱(乾物)…2個　水…250cc
にんにく…1/2かけ　しょうが(薄切り)…1枚
白菜…2〜3枚　ココナッツオイル…大さじ1
豆乳…150cc　片栗粉…大さじ2
海塩・こしょう…適宜

1 貝柱を水で一晩戻す(a)(戻し汁は取っておく)。にんにく、しょうがはみじん切り、白菜は手でちぎる。

2 鍋にオイルを入れ、中火にかけ、にんにく、しょうが、貝柱(b)、白菜の順に加えて炒める。戻し汁を入れて煮立て、アクを取ってフタをし、白菜がやわらかくなるまで煮る。

3 豆乳と片栗粉を混ぜて加え、とろみをつけ、海塩・こしょうで味を調え、火を止める。

◎**3**の工程で、白みそ小さじ1を加えてもおいしい。

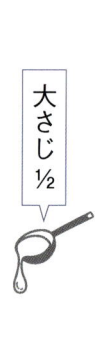

(a) 水で戻すと上のようになる　(b)

大さじ½

白菜はたっぷり入れましょう。コトコト煮ているうちに、小さくなります。

4 ココナッツオイルのおやつ

おすすめは生チョコです。溶かしたサラサラのオイルに、まず、ココアなどの粉末の材料を入れるとダマになりません。次にはちみつを入れ、かたまり始めるのを待ってから混ぜるだけ。これはココナッツオイルの融点を利用して、かんたんに乳化させる方法で、実質10分で、口どけのよい生チョコが完成します。お好みのお酒やドライフルーツなどを入れて、自分だけの生チョコを作ってみてください。完成した生チョコは24℃で溶けてしまうので、冷蔵庫（夏は冷凍庫）にしまっておき、食べたいぶんだけ出しましょう。どのおやつも甘味料は、はちみつで紹介していますが、代わりにメープルシロップや、低GI甘味料のアガベシロップでも、おいしく作れます。

ココナッツオイルの生チョコ

ココナッツオイルのおやつ

溶かしたオイルに、材料を混ぜるだけ。前著『かんたんデザート』の好評レシピをご紹介！

〈豆乳生チョコ〉 P83写真右

材料（作りやすい量）

- ココナッツオイル…100g
- A ┃ ココアパウダー…30g
  ┃ 豆乳の素（なくてもよい）…25g
- はちみつ…50g
- ココナッツフレーク（またはココア）…適宜

> バニラエクストラクト小さじ1を一緒に加えると、さらにおいしい。

1 ボウルに溶かしたオイルとAを入れ (a)、泡立て器でよく混ぜ、なめらかになったら、はちみつを加えて混ぜる。

2 1を冷蔵庫に入れ（冬は室温でOK）、温度が下がって、周りからうっすらと、かたまってくるのを待つ (b)。

3 2をなめらかになるまでよく混ぜ (c)（クリーム状になる）、素早く型に流し込み、冷蔵庫で冷やしかためる (d)。食べやすくカットして表面にココナッツフレークをふり、冷蔵庫（夏は冷凍庫）で保存する。冷蔵庫で2週間、冷凍庫で1カ月保存可。

(a)　(b)　(c)　(d)

〈ナッツ生チョコ〉 P83写真左

豆乳の素の代わりに無糖のピーナッツペースト20gを、工程**1**ではちみつと一緒に入れると、コクのある「ナッツ生チョコ」になる。ラム酒かブランデーを小さじ1を加えてもおいしい。

好きな量

82

作業時間たったの10分！
温度計も必要なしの
とろけるような生チョコ。

抹茶生チョコといちご生チョコ

ココナッツオイルのおやつ

クリーミーな豆乳生チョコ（P82）のアレンジ。フルーツパウダーは湿気やすいので注意して。

〈 抹茶生チョコ 〉

材料 （作りやすい量）

ココナッツオイル（無味無臭のもの）…100g
Ⓐ［抹茶…10g　豆乳の素…25g］
はちみつ…55g
抹茶（仕上げ用）…適宜

> 2つの生チョコは、無味無臭のココナッツオイルで作ること（P9）。

〈 いちご生チョコ 〉

材料 （作りやすい量）

ココナッツオイル（無味無臭のもの）…100g
Ⓐ［いちごパウダー…10ｇ　豆乳の素…25ｇ］
はちみつ …50g
いちごパウダー（仕上げ用）…適宜

- - - 共通の作り方 - - -

1 ボウルに溶かしたオイルとⒶを入れ、泡立て器でよく混ぜ、なめらかになったら、はちみつを加えて混ぜる。

2 **1**を冷蔵庫に入れ（冬は室温でＯＫ）、温度が下がって、周りからうっすらと、かたまってくるのを待つ。

3 **2**をなめらかになるまでよく混ぜ（クリーム状になる）、素早く型に流し込み、冷蔵庫で冷やしかためる。食べやすくカットし、それぞれ、いちごパウダー、抹茶をふり、冷蔵庫（夏は冷凍庫）で保存する。

好きな量

甘酸っぱい、いちご味と
香り豊かな、抹茶味。
ドライいちごを
入れてもおいしい。

ココナッツオイルのおやつ

レーズン生チョコとアーモンド生チョコ

コクのあるナッツ生チョコ（P.82）のアレンジ。アーモンドやカシューナッツのペーストで作ってもOK。

〈 レーズン生チョコ 〉

材料（作りやすい量）

ココナッツオイル…100g

Ⓐ ［ココアパウダー…30g　シナモンパウダー…小さじ1/2］

Ⓑ はちみつ…50g
　ピーナッツペースト（無糖）…20g

Ⓒ レーズン（またはラムレーズン）…100g

〈 アーモンド生チョコ 〉

材料（作りやすい量）

ココナッツオイル…100g

Ⓐ ココアパウダー…30g

Ⓑ はちみつ…55g
　ピーナッツペースト（無糖）…20g

Ⓒ スライスアーモンド（ロースト）…100g

共通の作り方

1 ボウルに溶かしたオイルとⒶを入れ、泡立て器でよく混ぜ、なめらかになったら、Ⓑを加えて混ぜる。

2 **1**を冷蔵庫に入れ（冬は室温でOK）、温度が下がって、周りからうっすらと、かたまってくるのを待つ。

3 **2**をなめらかになるまでよく混ぜ、クリーム状になったらⒸも入れて混ぜ、素早く型に流し込み、冷蔵庫で冷やしかためる。食べやすくカットし、冷蔵庫（夏は冷凍庫）に保存する。

好きな量

お好みのドライフルーツやナッツ、グラノーラ（P70）など自由に入れて作りましょう。

ココナッツオイルのおやつ

フローズンヨーグルト

よくかくはんしてから、オイルを加えるのがポイントです。

材料（4人分）

豆乳ヨーグルト…500g　海塩…少々
はちみつ…60g
ココナッツオイル…50g

1　豆乳ヨーグルトはコーヒーフィルターやザルなどに入れ、冷蔵庫で一晩水切りする（P42〜43参照）。

2　水切りしたヨーグルト、海塩、はちみつを(a)、フードプロセッサーで2分間かくはんして空気を含ませる。最後に溶かしたオイルを加え(b)、さらにかくはんし、ふわっとしてかたまってきたら、保存容器に移し、冷凍庫で冷やしかためる。

(a)　　　　(b)

◎豆乳ヨーグルトは500gを一晩水切りすると225〜250gくらいになる。
◎ハンドブレンダーやミキサーでもできる。本気を出せば泡立て器でも可能。
◎かたまりかけの少しやわらかいところを食べるとおいしい。カチカチにかたまってからもう一度かくはんすると、さらになめらかな食感になる。

大さじ1

まるでセミフレッドみたい！
かたまりかけを食べるのが、
いちばん、おいしい。

ココナッツオイルのおやつ

パリパリチョコアイス

冷凍したフルーツをチョコ液につけるだけ。

材料（作りやすい量）

お好みのフルーツ
（バナナ、いちご、パイナップルなど）…250～300g
ココナッツオイル…50g　ココア…25g
はちみつ…25g

> オイルがかたまっていたら耐熱グラスに入れて湯煎し、そのグラスで作るとラク。

1 フルーツを食べやすくカットして楊枝をさし、冷凍しておく。

2 グラスに溶けたオイルを入れ、ココアを加えてよく混ぜ、なめらかになったら、はちみつを入れて混ぜる。

3 1のフルーツを2につける (a)。くるくる回すうちにパリパリっとかたまる (b)。

パリパリっとかたまったら、バットに置く

(a)　　　(b)

◎2の工程で、オイルがグラスの中でかたまってしまったら、もう一度湯煎にかける。カチカチに凍ったフルーツを、サラサラのチョコ液につけるのがポイント。

好きな量

90

甘くてやわらかい
完熟フルーツで
作りましょう。

「私のおすすめココナッツ料理」

● 白崎茶会・副調理係　橋本 悠

ココナッツオイルに出会ってから、いつもの料理がさらに楽しくおいしく、簡単になりました。一日に2回は料理に使っていると思います。焼く、揚げる、煮る、そしてスイーツにも。

よく作るのが、野菜にスパイスを効かせた「ココナッツオイル煮」（P12～）。バターを使ったようなコクが出て、とっても簡単なのに、満足度の高いおかずになります。

炒めものは、みずみずしくジューシーに、カレーやスープ類は、動物性の材料なしでも不思議なくらい深みと旨みのある仕上がりになります。これまでコクを出したいときには、なんにでもごま油を使いがちでしたが、ココナッツオイルが登場してからは、料理の幅がぐんと広がりました。

しかも、大好きなエスニック料理にもぴったりなんです。特に好きな南インド料理を作るときに大活躍。現地でも日常的にココナッツオイルが料理に使われているのですが、カレーやサブジ（スパイス炒め）なども、より本格的な南インドの味に仕上がって、うれしくなります。何を作っても食材のおいしさが引き立ち、あっさり軽いのに満足感のある、私好みの料理が完成！シンプルな料理がおいしくなって体にもいいなんて……もう、手放せません。ほんと、すばらしいオイルだなと思います。

じゃがいものジャーマンポテト風（オイル煮・P12）＆発酵バター（P42）

バターもベーコンも不要！熱々に発酵バターものせて、ぜいたくじゃがバター。

発酵バター（P42）＆パン

朝ごはんの必需品。味もビジュアルも完全にバター。食べるたびに驚くおいしさ。もうバターは必要ありません。

絶品トマトパスタ（P14）

リピート率NO.1。トマトだけなのに、こんなにジューシーでおいしいなんて。パスタはバジルペーストをからめたアレンジ。

ワダ＆パコラ

南インドの豆ドーナッツと天ぷら。揚げものもサクッと。でも、もたれません（揚げ方はP36を参照）。

ごはんプレート

家にある野菜を焼いたり（P30〜）、オイル煮にしたり（P12〜）するだけでごはんのおかずに。

フォー風エスニック麺

野菜をオイルで炒めて作ったスープ（P72〜）は、植物性だけとは思えない旨みとコクのある仕上がり！

【体験談】　編集担当：中村亜紀子

『ココナッツオイル健康法』の制作以来、さまざまなココナッツオイルを試しているので、香りが強いものは煮込み料理に、無味無臭のものはあらゆる料理に毎日使っています。オイルの魅力を知ると毎日とりたくなるものですが、この本の撮影中、ココナッツオイルだからこそ作れるかんたん料理があることに本当にびっくりしました。以来頻繁に作るのは「オイル煮」（P12〜）。じゃがいもをオイル煮して、仕上げに塩・こしょうするだけでも最高です。カレールウ（P50）と生チョコ（P82）は混ぜるだけなので、遊んでいるみたいに楽しいですよ。また肌に合えば、全身のお手入れにもぜひココナッツオイルを。ビンに分けて、台所と洗面所の2か所置きをすると何かと便利で、オイルがついた調理道具やタオル類は、ぬるま湯で洗うとよく落ちて気持ちよく使えます。

おわりに

この本の出版が決まったのは、別の本、それもデザートの本の撮影中でした。ココナッツオイルのデザートの試作をくり返しているうちに、副産物としてカレールウやらバターやら、いろいろとできてしまい、なんとかしてこれを紹介したいと思ったのです。

でもさすがに、「プリンやアイスの隣にカレールウは違和感が……」と考えていたところ、担当編集者の中村さんが、ちょうどココナッツオイルを使った料理本を企画中とのこと。「それ、私にやらせてください！」と、もう、何も迷わず飛びこみました。

そこから数日で撮影を開始。今までにない衝動にかられ、息をつく間もなく撮影し、あっという間に終えました。撮影中、そして原稿を書いている間にも、新しいメニューがどんどん増えてしまい、「あれもこれも載せたかったなぁ……」なんて今でも悶々としている次第です。

それほどココナッツオイルは、さまざまな可能性があるオイルなのだと思います。

たとえばバターは、一度溶けてしまうと元の状態には戻りませんが、ココナッツオイルは、何度、溶けたりかたまったりをくり返しても、品質が変わりません。私自身もともとは、バターの代わりになる、ということで注目してきたオイルでしたが、この本のレシピの多くは、バターでは作ることができないのです（なんということでしょう！）。

……まだまだココナッツオイルのお話をしていたいぐらいですが、そうもいきません。私も、もう少しいろいろ作ってみようと思っています。

ともあれ、みなさんに、この本のレシピを試していただけると、とてもうれしいです。

最後になりましたが、編集の中村さん、新しい小船を出してくださってありがとうございました。カメラマンの寺澤さん、デザイナーの山本さん、スタイリストの智代さん、布小物の工藤さん、半ば無理矢理の船出に飛び乗ってくださったことを、心より感謝します。

梟城のみんなも、めいっぱい（手で？）漕いでくれてありがとう。

2014年8月吉日　白崎裕子

東京生まれ（埼玉育ち）。逗子市で30年以上続く自然食品店「陰陽洞」主催のパン＆お菓子教室「インズヤンズ茶会」の講師を経て、葉山の海辺に建つ古民家で、オーガニック料理教室「白崎茶会」を開催。予約の取れない料理教室と知られ、全国各地からの参加者多数。岡倉天心、桜沢如一、森村桂を師と仰ぎ、日々レシピ製作と教室に明け暮れる毎日。座右の銘は「魂こがして鍋こがさず」。著書に『にっぽんのパンと畑のスープ』『にっぽんの麺と太陽のごはん』『かんたんお菓子』『かんたんデザート』（WAVE出版）、料理DVD『魔女のレシピ』（アロハス株式会社）がある。
HP「インズヤンズ梟城」http://shirasakifukurou.jp

白崎裕子
しらさき ひろこ

ココナッツオイルのかんたんレシピ
いつものごはんからおやつまで

2014年9月24日第1版第1刷発行
2015年4月16日　　第7刷発行

著者　白崎裕子

発行者　玉越直人
発行所　WAVE出版
〒102-0074　東京都千代田区九段南4-7-15
TEL03-3261-3713　FAX03-3261-3823
振替00100-7-366376
info@wave-publishers.co.jp
http://www.wave-publishers.co.jp

印刷・製本　東京印書館

©Hiroko Shirasaki,2014 Printed in Japan

落丁・乱丁本は送料小社負担にてお取り替えいたします。
本書の無断複写・複製・転載を禁じます。
ISBN978-4-87290-700-1　NDC596 95P 22cm

撮影：寺澤太郎
デザイン：山本めぐみ　松原りえ　福元水映
　　　　　（EL OSO LOGOS）
スタイリング：高木智代
イラスト：大久保厚子
校正：大谷尚子
編集：中村亜紀子

調理助手：橋本 悠　菊池美咲

食材提供：陰陽洞　菜園野の扉
器協力：白倉えみ（器）　木暮 豊（器）
　　　　神永匡崇（木カトラリー）
布小物：工藤由美（FabricsY）
協力：伊藤由美子　八木 悠　鈴木清佳
　　　田口 綾　白崎和彦